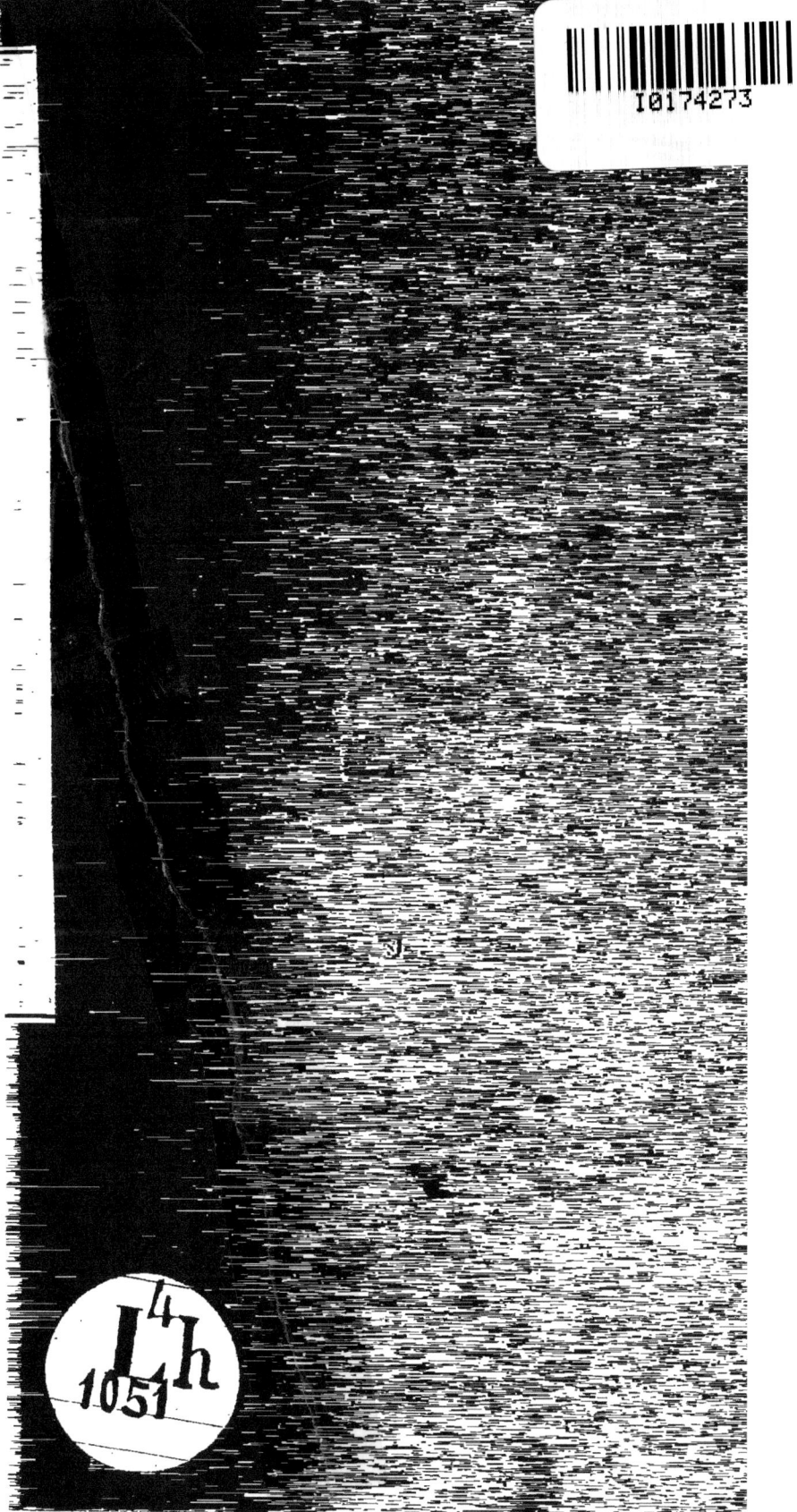

CAMPAGNES DE 1870-71

NEVERS. — IMPRIMERIE BARTHE ET BRULFERT

GARDE MOBILE DE LA NIÈVRE

HISTORIQUE

DU

12ᵉ RÉGIMENT DE MOBILES

1ᵉʳ, 2ᵉ ET 3ᵉ BATAILLONS

(NIÈVRE)

CAMPAGNES { 1870, Armée de la Loire.
{ 1871, Armée de l'Est.

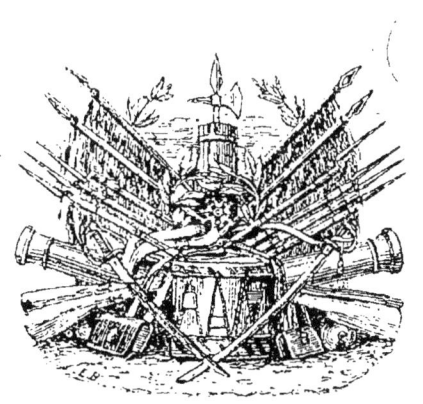

NEVERS

IMPRIMERIE ET LITHOGRAPHIE BARTHE ET BRULFERT

1, QUAI DE LOIRE, 1

1871

Monsieur le Ministre,

Vous me faites l'honneur de me demander le récit des opérations auxquelles a pris part le 12ᵉ régiment de Mobiles, ainsi qu'un rapport sur l'organisation du 1ᵉʳ régiment d'Éclaireurs à cheval.

Je me suis empressé de rédiger ce travail, pour lequel je réclame toute votre indulgence.

Le livre du 12ᵉ régiment de Mobiles, tenu fort exactement, a été pris par l'ennemi dans l'Est, j'ai donc eu recours à quelques notes écrites chaque jour à la hâte, et à mes souvenirs. Je certifie toutefois l'exactitude de ces deux rapports.

Je prie Votre Excellence d'agréer l'assurance de ma haute et respectueuse considération.

Philippe de BOURGOING,

Ex-colonel du 12ᵉ régiment de Mobiles (Nièvre) et du
1ᵉʳ régiment d'Éclaireurs à cheval.

Nevers, le 24 août 1871.

HISTORIQUE

DU

12ᵉ RÉGIMENT DE MOBILES

(NIÈVRE)

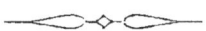

Le 14 août, les 1ᵉʳ, 2ᵉ et 3ᵉ bataillons de mobiles de la Nièvre formèrent le 12ᵉ régiment de mobiles; son effectif était de 3,500 hommes.

L'organisation et l'instruction de ce régiment furent poussées avec activité ; aussi quand le 12ᵉ mobiles fut envoyé le 23 septembre à Orléans par les voies rapides, il avait déjà campé, fait de longues promenades militaires et tiré à la cible. L'habillement était complet, les chaussures étaient bonnes; comme armement, le régiment possédait les carabines (modèle 52).

Les officiers jouissaient de l'estime de leurs hommes, et si plusieurs d'entre eux manquaient encore d'instruction militaire, leur zèle pour l'acquérir était grand. Les cadres des sous-officiers paraissaient excellents ; enfin les mobiles étaient disciplinés.

Le soldat de la Nièvre est sobre, rustique, dur à la fatigue. De bonne heure il a appris à connaître les privations, et même la misère, dans les usines, dans les grands bois du Morvand ou dans les travaux fatigants des champs. Bref, l'esprit du 12ᵉ était bon; on pouvait croire qu'il ferait son devoir comme jadis le régiment de Nivernais à Fontenoy, comme les bataillons de la Nièvre dans les lignes de Wissembourg, sous Marceau !

A peine arrivé à Orléans, le régiment fut chargé de garder et de défendre la forêt ; il fut cantonné successivement à Cercottes, à Fleury, à Ormes et à Sarans, se familiarisant ainsi très-vite avec la vie du soldat en campagne. Pendant ce temps, l'intendance achevait de distribuer les objets de petit et de grand campement.

Cependant l'ennemi approchait d'Orléans ; plusieurs engagements avaient lieu à Toury et à la Croix-Briquet. Le 26, mon régiment, chargé de défendre Cercottes, échangea quelques coups de fusil avec les premiers coureurs ennemis ; il se préparait gaîment au combat dans cette forêt d'Orléans qui lui rappelait les bois du Morvand : le 1er bataillon surtout s'y sentait dans son élément.

Le soir du 26, le général de Polhès, commandant en chef les troupes chargées de défendre Orléans, demanda le colonel à son quartier général ; il y avait conseil de guerre composé des chefs de corps, du préfet du Loiret, de l'ingénieur en chef, du conservateur des forêts. Ce dernier fonctionnaire rendit de grands services pendant toute la campagne ; de plus il fournit des cartes précieuses, demandées instamment à la préfecture, qui n'avait même pas répondu !

Interrogé à son tour, le colonel insista pour défendre les hauteurs de la Montjoie, toutes couvertes de vignes, le village de Sarans et le chemin de fer. Des villas, des haies, des charmilles, rendaient cette position très-favorable à la résistance ; le régiment y était campé. Mais, après le conseil de guerre, le général de Polhès, averti que l'ennemi arrivait en forces et n'ayant que peu de monde à lui opposer, donna l'ordre d'évacuer sans bruit la ville d'Orléans. Toutes les troupes passèrent la Loire à quatre heures du matin,

Le 12ᵉ exécuta cet ordre avec regrets et gagna Blois par la rive gauche ; la chaleur était accablante. Il traversa Cléry et coucha à Lailly évitant ainsi les agglomérations de troupes. Les populations de la rive gauche voyaient cette retraite avec tristesse ; quelques-unes murmuraient ; elles ne pouvaient comprendre pourquoi on ne défendait pas la Loire.

Dans cette marche rapide d'Orléans à Blois, les mobiles du Lot dépassèrent le régiment de la Nièvre ; ce sont les meilleurs marcheurs que j'aie rencontrés. Ils avaient été envoyés à Orléans, c'est-à-dire à l'ennemi, sans uniformes, sans chaussures, mal armés ; ils manquaient de tout, excepté d'ardeur. On se demandait qui avait osé mettre en ligne des bataillons aussi mal organisés.

Jusqu'au 18 octobre, par conséquent jusqu'au jour où mon régiment fit partie de la 1ʳᵉ brigade de la 1ʳᵉ division du 15ᵉ corps, les hommes reçurent la solde des mobiles (1 fr. par jour), système excellent lorsque les troupes ne sont pas très-nombreuses. Des officiers intelligents peuvent facilement faire vivre leurs hommes avec les ressources du pays sans avoir recours à l'intendance. Le soldat est bien nourri ; la distribution, préparée à l'avance, se fait rapidement à chaque étape.

Je recommande, quand on le peut, cette solde de 1 fr. qui permet un ordinaire presque luxueux et l'argent de poche si apprécié du soldat.

M. le capitaine Souques, ainsi que plusieurs de ses camarades, remplissaient à merveille ces fonctions d'intendants ; nos mobiles ne l'oublieront jamais.

Le 28 octobre, le régiment arrivait en face de Blois et s'installait dans les riches villages de Montlivaut, Saint-Claude et Vineuil.

Le colonel se rendit à Blois chez le général Michaud

pour prendre ses ordres. Le général ne s'attendait pas à l'arrivée de ces troupes dans son commandement; comme il avait besoin de protéger Vendôme, très-menacé par les Prussiens qui envahissaient déjà le Perche, il donna ordre au régiment de se diriger sur la forêt de Marchenoir.

A ce moment-là, il faut bien le dire, dès qu'un régiment de mobiles franchissait la limite d'un département, il appartenait au général commandant cette subdivision ; or, ce général, toujours heureux de recevoir un renfort souvent inespéré, se l'appropriait.

Il n'y avait pas de raison pour qu'un régiment ne traversât pas la France de part en part sans but défini.

Entrevoyant une marche en avant, le régiment partait avec plaisir pour Vendôme ; déjà les vivres étaient commandés et les logements préparés sur toute la route.

A Blois, le régiment trouva à acheter 3,500 sacs bien conditionnés, assez solides, qui remplacèrent avantageusement les modestes besaces du mobile. On trouva aussi un assortiment de bons souliers de toutes mesures. Les magasins ne pouvaient réellement pas fournir dès le début des chaussures d'infanterie assez grandes pour les pieds de tous les mobiles. Cette troupe se recrutant parmi les hommes de vingt-un à vingt-cinq ans, il y avait dans chaque compagnie bien des tailles diverses, depuis celle du carabinier jusqu'à celle du chasseur à pied. Dans certaines parties de la Nièvre, les hommes sont si beaux que le 12e aurait pu facilement fournir cinq cents superbes carabiniers ou cuirassiers.

Le 30 septembre, le régiment reçut l'ordre d'occuper la caserne de Blois ; mais, à peine y fût-il installé, que le gouvernement de Tours donna des instructions formelles pour nous renvoyer par chemin de fer à Orléans.

On sut que les députés du Loiret, que le conseil municipal d'Orléans, que le préfet, réclamant avec énergie contre l'abandon si précipité de la vieille cité de Jeanne d'Arc, le gouvernement de Tours avait résolu de défendre Orléans et d'occuper fortement toute la partie nord du département du Loiret

Le général de Polhès venait de recevoir une autre destination ; le général de La Motte-Rouge prenait le commandement en chef des troupes chargées de cette opération.

Le 12e campa sur le Mail le 1er, le 2 et le 3 octobre, puis le 4 reprit les cantonnements qu'il avait occupés avant l'évacuation, en s'étendant depuis Ormes jusqu'à Giddy, dans un pays rempli de vignes, de bouqueteaux de bois, limite des plaines immenses de la Beauce, où l'œil plonge à perte de vue.

Là encore le régiment perfectionna son service de grand'gardes ; il aida le génie à faire des ouvrages en terre ; on lui adjoignit deux pièces de sept ; enfin, c'est à Ormes que se fit la distribution des chassepots si désirés.

En sorte que le 6 octobre, le régiment, qui n'avait cessé de se compléter à Orléans, à Blois, un peu partout, pouvait hardiment entrer en ligne. Rien ne lui manquait : son moral semblait bon ; les étapes, les cantonnements avaient mûri tout le monde, officiers, sous-officiers et soldats.

Le 6 octobre, le général de La Motte-Rouge donna les instructions suivantes :

« Le 12e occupera fortement Arthenay avec ses deux pièces d'artillerie ; il défendra ce point important ; le colonel se tiendra très-exactement au courant de la marche de l'ennemi et m'en donnera avis. Ordre de ne se replier sur Chevilly et sur la forêt que devant des forces considérables et à la dernière extrémité. »

Le 7 au matin, les trois bataillons, quittant leurs cantonnements, se réunirent à Giddy, traversèrent Chevilly, occupé par de la ligne et des mobiles, puis la Croix-Briquet, hameau devenu glorieux pour le 6e hussards qui, vers la fin de septembre, y livra un brillant combat d'avant-postes. Le 12e campa en avant d'Arthenay, à gauche de la grande route, faisant face à la direction d'Étampes.

Chaque bataillon fournit une compagnie de grand'-gardes ; ce service se faisait très-sévèrement : nous avions juré de ne pas nous laisser surprendre.

Les officiers supérieurs furent chargés de recueillir des renseignements ; chaque officier montait à tour de rôle dans le clocher d'où l'on découvre Janville, Outarville, Oison, Tivernon, etc., etc. On se mit jour et nuit en communication avec ces localités. Tous les officiers et beaucoup de sous-officiers avaient des cartes qu'ils étudiaient soigneusement.

Toutes ces précautions n'étaient pas inutiles, car si Arthenay est, au point de vue agricole, une riche oasis en pleine Beauce, il offre, comme position stratégique, plusieurs graves inconvénients : pas un abri pour favoriser la retraite ; l'infanterie qui occupe ce point peut facilement voir ses communications coupées ou tournées. Nous n'avions pas seulement un piquet de cavalerie pour faire une reconnaissance ou pour porter un ordre, mais des habitants zélés se chargeaient de nous éclairer et de nous procurer de précieux renseignements que je transmettais aussitôt au quartier général d'Orléans.

Des francs-tireurs avaient eu une brillante affaire à Morainville. On disait déjà que les Prussiens étaient en retraite sur Etampes. Ce pouvait être une ruse de leur part. En tous cas, ce mouvement de retraite ne fut pas de longue durée, car, le 8 au soir, 1200 cuirassiers Prussiens étaient à Janville, 400 chevau-légers bavarois à Outarville, un régiment de hussards de la mort (Westphalie) à Tivernon ; enfin, on annonçait d'une façon positive des masses d'infanterie et une nombreuse artillerie ennemies débouchant par Pithiviers et Angerville.

J'avais ordre de me mettre en communication avec la colonne du général Reyau, forte de 2300 sabres environ et de quelques bataillons d'infanterie ; elle faisait une reconnaissance sur Pithiviers et devait revenir par Arthenay ou par Chevilly. Le 9 au soir, un payeur arriva au camp portant 200,000 francs pour la solde de la cavalerie Reyau ; des fourrages me furent aussi expédiés pour elle. L'ennemi était si rapproché, que je fis rebrousser chemin au payeur et aux voitures qui contenaient les fourrages et les envoyai à Chevilly. A cinq heures du soir, le lieutenant d'artillerie mis à ma disposition reçut de son colonel d'artillerie l'ordre formel de retourner à Orléans ; ce départ assombrit un peu mes hommes dont le moral fut vite relevé par leurs officiers.

La position devenait critique ; le régiment pouvait être surpris et séparé de Chevilly, c'est-à-dire de notre ligne de retraite. Je tins conseil avec les trois officiers supérieurs ; ils désiraient bravement défendre Arthenay. La responsabilité me rendit plus prudent qu'eux, et à huit heures du soir je donnai l'ordre au régiment de se replier sans bruit en arrière d'Arthenay.

Le 3ᵉ bataillon s'établit sur la grande route, à la Croix-Briquet, et restait ainsi d'avant-garde : c'était son tour. Les deux autres descendirent sur Chevilly, où ils campèrent en restant en communication avec le 3ᵉ bataillon. Nous touchions donc à Arthenay et le régiment ne pouvait plus être surpris ni coupé.

Le 10, de grand matin, arrivèrent à Chevilly le général Borel, venant d'Orléans, puis le général Reyau, venant de Pithiviers par une longue marche de nuit. Après leur avoir confirmé mes renseignements envoyés au quartier-général, j'accompagnai dans une reconnaissance le général Borel, qui venait étudier le terrain que je connaissais. Il donna ses ordres à l'artillerie, à la cavalerie, à des turcos, à des chasseurs à pied arrivés pendant la nuit avec la colonne Reyau. Chaque arme occupa promptement ses positions respectives. Ces troupes trouvèrent le 3ᵉ bataillon du 12ᵉ qui, dès le matin, après avoir bivouaqué à la Croix-Briquet, s'était porté vivement sur Arthenay en suivant le chemin de fer. Les munitions de réserve, les ambulances et quelques éclopés restèrent dans une grande ferme à la Croix-Briquet; les 1ᵉʳ et 2ᵉ bataillons rejoignaient promptement le 3ᵉ, en sorte que tout le régiment se trouva massé sur le chemin de fer.

Il était huit heures du matin. L'ardeur du régiment était extrême; la compagnie de Fourchambault surtout demandait avec rage à marcher.

L'ennemi, pendant la nuit, s'était rapproché d'Arthenay; il attaqua d'abord avec son artillerie, puis ses tirailleurs se mirent en ligne. Nos chasseurs à pied, les turcos, le 3ᵉ bataillon du 12ᵉ répondirent par un feu des plus nourris. 2 compagnies du 3ᵉ bataillon déployées en tirailleurs dans un petit bois firent beaucoup de mal à l'ennemi. Sur la ligne du chemin de fer, le commandant de Veyny, à cheval, donnait ses ordres comme à la manœuvre.

Mais l'artillerie ennemie devint formidable : elle avait déjà quatre batteries sur notre droite, et quelques obus dirigés sur notre cavalerie inquiétaient aussi notre gauche.

Pendant quatre heures nous défendîmes Arthenay contre un ennemi cinq fois plus nombreux que nous. Notre artillerie était bien inférieure comme nombre et comme portée ; elle abandonna cette lutte inégale et se replia sur Chevilly. La cavalerie Reyan, voyant qu'elle ne pouvait pas jouer un rôle utile, manœuvrant, du reste, dans la plaine avec beaucoup d'ordre, finit par se retirer sous le feu de l'artillerie prussienne. Le cercle des canons ennemis s'agrandissait toujours davantage ; il avait fini par nous envelopper presque complétement. Les chasseurs à pied se repliaient faute de munitions ; les turcos en faisaient autant : c'étaient cependant bien les intrépides turcos que j'avais vus à Turbigo, à Solférino !

Il s'agissait donc de battre en retraite et de ne pas se débander sous une grêle d'obus pendant sept kilomètres en plaine, n'ayant pour tout abri que les haies du chemin de fer.

Un peu avant la Croix-Briquet, je vis un bataillon de chasseurs venant bravement se mettre en ligne (ses compagnies déployées en tirailleurs), alors que les autres troupes avaient déjà disparu. Je priai le commandant (j'ignore son nom malheureusement) de se porter en avant sur Arthenay pour donner la main au 12ᵉ. Le commandant s'avança avec quatre compagnies sur Arthenay et me donna les trois autres. Ces braves chasseurs engagèrent un feu très-vif dans les haies, dans les bois et dans les premières maisons de la ville. Cela permit de réunir le régiment et de commencer la retraite sur le chemin de fer dans l'ordre suivant : le 1ᵉʳ bataillon qui, cette fois, devenait tête de colonne ; le 2ᵉ, puis le 3ᵉ qui formait l'arrière-garde. Ce bataillon fit le coup de feu pendant cinq heures de suite et fut tout le temps très-engagé. Deux de ses compagnies, les 4ᵉ et 6ᵉ, qui étaient placées en tirailleurs au moment de la retraite, ne reçurent pas à temps l'ordre de suivre le chemin de fer. Elles gagnèrent la route qui court parallèlement à la voie ferrée, dont elle est séparée par une distance de trois cents mètres environ. C'est en franchissant cette distance et en suivant la grande route que ces deux compagnies furent exposées au feu de l'ennemi ; les hommes tombaient : non-seulement elles ne se débandèrent pas, mais elles continrent à plusieurs reprises l'avant-garde de la cavalerie ennemie.

Le régiment s'avançait en ordre, poursuivi par le feu incessant de l'artillerie. Il était arrivé à la hauteur de la Croix-Briquet ; il lui restait encore trois kilomètres à franchir pour arriver à la forêt. A ce moment, les deux compagnies du 3ᵉ bataillon, qui avaient fait fausse route, voulaient, ainsi que les blessés et quelques traînards, rejoindre le régiment sur la voie ferrée. Alors un régiment de hussards de la mort, débouchant par un petit bois situé derrière la Croix-Briquet, s'élança sur ces deux compagnies en les sabrant. Cette cavalerie ne voyait pas le régiment abrité par les haies de chemin de fer et par un talus très-propice ; elle arriva donc jusqu'à dix mètres de la haie. Les commandants de Pracomtal et de Savigny commandèrent le feu. Presque tout le 1ᵉʳ bataillon et deux compagnies du deuxième bataillon, la 6ᵉ et la 8ᵉ, foudroyèrent les hussards à bout portant. L'escadron qui chargeait en tête fut détruit ; celui qui suivait souffrit beaucoup ; enfin les balles de nos chassepots frappèrent à quinze cents mètres et au-delà la cavalerie prussienne en réserve.

Je sus ce détail par l'aumônier du régiment et par les trois majors restés à la Croix-Briquet pour y exercer leur ministère (ils y furent faits prisonniers et s'évadèrent huit jours après).

La cavalerie ennemie, n'osant charger un régiment qui battait si solidement en retraite, se contenta de nous accompagner à distance mesurée jusqu'à l'entrée de la forêt.

Mais d'autres batteries s'établissaient sur notre droite ; le chemin de fer devenait presque *intenable* ; tous les fils télégraphiques étaient coupés au-dessus de nos têtes par les obus.

Après la charge de cavalerie et alors que les projectiles se multipliaient, il y eut, dans quelques compagnies, un peu de désordre ; plusieurs hommes jetèrent leurs sacs et leurs couvertures ; mais les officiers montés, s'élançant au galop, ramenèrent les fuyards ; les deux clairons Fougerou et Gorel sonnèrent comme ralliement la marche du régiment. La colonne reprit donc avec calme la ligne du chemin de fer et arriva sur le bord de la forêt, laissant Chevilly un peu sur la droite. Elle rencontra le 19ᵉ mobiles (colonel de Choulot) et deux bataillons du 29ᵉ de marche.

Le combat d'Arthenay est un fait d'armes qui place le 12ᵉ mobiles au rang d'un vieux régiment. Nous possédons plusieurs rapports prussiens qui constatent sa bravoure. En effet, ce régiment fut engagé pendant cinq heures sous un feu meurtrier. La retraite était devenue très-pénible. Malgré cela, les mobiles s'attelèrent à deux pièces d'artillerie française abandonnées et embourbées. S'ils ne purent les traîner jusqu'à Chevilly, c'est que les roues s'enfoncèrent d'un pied dans la boue grasse de la Beauce.

D'autres mobiles blessés se défendirent contre plusieurs cavaliers ennemis et rejoignirent le régiment.

Les trois commandants, MM. de Veyny, de Pracomtal

et de Savigny, firent preuve d'une grande bravoure. M. le capitaine de Nourry fut blessé à la tête et M. le capitaine Chartenet au bras droit d'un éclat d'obus qui lui laboura toute la partie inférieure ; tous les deux du 3ᵉ bataillon. Le colonel cite à l'ordre du régiment, comme s'étant particulièrement bien conduits, MM. Dumas, capitaine; Blanchet et Berteau, sous-lieutenants. La compagnie de Fourchambault eut quarante hommes mis hors de combat; celle de Saint-Saulge vingt-sept. Tous ces chiffres ont été, autant que possible, soigneusement consignés au dépôt du régiment, à Nevers.

MM. de Certaines, de Bréchard et Rabion furent faits prisonniers. Malheureusement, les munitions de réserve, l'ambulance et beaucoup de blessés tombèrent entre les mains de l'ennemi à la Croix-Briquet.

Dans cette journée, d'après les rapports prussiens, nous avions contre nous l'armée bavaroise et deux divisions prussiennes. Ce fut la 1ʳᵉ division prussienne qui fut le plus sérieusement engagée dès le matin à Arthenay avec l'artillerie de réserve de la 2ᵉ division. Comme notre résistance était vive, d'autres régiments prussiens prirent part à l'action. C'étaient le 1ᵉʳ et le 7ᵉ bataillon de chasseurs. Les 3ᵉ, 10ᵉ, 12ᵉ et 13ᵉ régiments, qui attaquèrent notre droite pendant que la 1ʳᵉ division prenait d'assaut la ville, la 1ʳᵉ division, surtout la 8ᵉ compagnie du leib-régiment, firent des pertes énormes. (*Gazette allemande.*)

Le soir, le régiment, après avoir traversé Chevilly et Cercottes, bivouaqua encore à la Montjoie, se préparant à défendre Orléans le lendemain.

Vers minuit, le général de La Motte-Rouge vint voir le régiment, lui adjoignit deux pièces d'artillerie, deux escadrons de dragons et donna au colonel des instructions pour le lendemain.

Journée du 11 octobre

A sept heures du matin, les deux pièces d'artillerie adjointes au régiment prirent position sur la côte de la Montjoie; cinquante dragons se portèrent en avant pour surveiller l'arrivée de l'ennemi.

Le 1er bataillon s'échelonna depuis les principales maisons de La Montjoie jusqu'à l'auberge pour soutenir notre section d'artillerie ; le 3e bataillon occupa l'intersection des routes ; enfin le 2e bataillon se plaça depuis Sarans jusqu'à Ormes. La ligne était bien étendue !..... Mais nous étions si peu nombreux. Un escadron et demi de dragons renforça cette ligne en occupant les redoutes d'Ormes, tout en observant la route de Patay. Notre droite était appuyée sur le 19e régiment provisoire (Cher), et un peu plus loin on voyait deux compagnies de zouaves pontificaux.

L'ordre était de défendre pied à pied toutes ces hauteurs. L'ennemi, victorieux la veille, portait toutes ses forces contre Orléans ; elles étaient de 45,000 hommes ; nous étions 14,000 !...

On attendait de Vierzon quelques renforts qui, dès leur arrivée (à neuf heures environ), entrèrent en ligne dans la direction d'Ormes (route de Patay).

A huit heures, les Prussiens lancèrent leurs premiers projectiles, qui atteignirent nos quelques pelotons engagés en éclaireurs ; puis, bientôt après, leurs obus frappèrent le 19e et les zouaves pontificaux. L'ennemi tirait juste et à une distance prodigieuse. Les zouaves du Saint-Père engagèrent le feu avec les tirailleurs ennemis, et, selon leur habitude, furent très-braves; ils perdirent beaucoup de monde.

Bientôt après, le 3ᵉ bataillon du 12ᵉ régiment reçut des obus qui lui tuèrent des hommes. Les deux premiers rangs de la 4ᵉ compagnie (capitaine Henri d'Assigny) furent écrasées par un seul projectile; enfin la redoute d'Ormes fut attaquée. Les dragons mirent bravement pied à terre et défendirent cette redoute jusqu'à l'arrivée du renfort expédié à l'instant de Vierzon.

Les Allemands attaquèrent donc sur trois points différents : par Patay, par Cercottes, Giddy et par le chemin de fer.

Les instructions portaient de disputer le terrain le plus longtemps possible et de repasser la Loire sur le pont du chemin de fer, sans entrer en ville; enfin de prendre la direction de Gien. Il était évident que le général de La Motte-Rouge ne se faisait aucune illusion. La défense d'Orléans était impossible : il avait compté plus sur la retraite que sur la victoire.

A dix heures, nos deux pièces, après avoir échangé quelques coups de canon, se replièrent au trot sur Orléans, par le faubourg Bannier. La cavalerie, au grand trot, suivit ce mouvement. A ce moment, les projectiles ennemis commençaient à tomber comme grêle sur le régiment et sur le faubourg; quelques maisons prirent feu.

Des troupes de toutes armes, se précipitant dans l'unique et grande rue du faubourg Bannier, occasionnèrent un certain désordre; la retraite pouvait dégénérer en déroute. Heureusement la contenance des chefs raffermit le moral un peu ébranlé.

Le 1ᵉʳ bataillon, arrivé sur le Mail, tourna à gauche et se mit en bataille à l'entrée du pont de Vierzon, attendant les deux autres bataillons qui suivaient dans le faubourg Bannier. Mais voici ce qui arriva : le troisième bataillon fut retenu sur le chemin de fer des Aubrais à Tours, et là, pendant quatre heures, il résista à l'ennemi sous le commandement du général de La Motte-Rouge, qui se portait de sa personne en avant suivi de deux bataillons de chasseurs et d'un régiment de marche. Le 2ᵉ bataillon se rendait sur le pont du chemin de fer, lorsque le général Borel lui donna l'ordre de remonter la voie ferrée et de se déployer dans les vignes ; le général garda en réserve la 7ᵉ compagnie auprès de lui. Le commandant de Savigny appuya sa droite sur un bataillon de chasseurs et sur le bataillon de la légion étrangère.

Bientôt l'ennemi, refoulant nos régiments, s'empara de la gare des Aubrais, s'installa derrière quelques travaux de fortifications et lança contre notre 2ᵉ bataillon plusieurs bataillons afin de se rendre maître de la gare d'Orléans. Nos mobiles, très-favorablement placés dans les vignes, les reçurent par une vigoureuse fusillade. Deux braves officiers tombèrent mortellement atteints : MM. Josserand, capitaine de la 1ʳᵉ compagnie, et de Couvelaire, son lieutenant.

L'ennemi arriva en grand nombre, voulant à tout prix enlever les lignes du chemin de fer. La 6ᵉ compagnie (capitaine Pétry) soutint le choc d'un bataillon bavarois qui, cherchant à lui couper la retraite, voulait s'emparer d'un pont. Alors arriva au secours de la 6ᵉ le brave commandant de Savigny avec les compagnies de Cosne (capitaine Paul Tiersonnier) et de La Charité (capitaine Ludovic Tiersonnier). L'ennemi fut repoussé jusqu'à la gare des Aubrais et fit des pertes relativement considérables, ayant eu un officier supérieur et nombre d'officiers tués ; vingt bavarois furent faits prisonniers. Les pertes du 2ᵉ bataillon furent grandes aussi : les adjudants, MM. Bramard et Reuillon furent tués, ainsi qu'un jeune et brave sergent-major, M. Ollier. La 6ᵉ compagnie eut vingt-six hommes tués ou blessés. Enfin, on prit, on perdit et on reprit la gare des Aubrais. Nos hommes, encouragés par l'exemple des braves chasseurs et de la légion étrangère, continuèrent la lutte jusqu'à la nuit (six heures). Les cartouches venant à manquer, le commandant donna l'ordre de battre en retraite et le bataillon traversa la ville sous une grêle de projectiles.

Dans cette journée, tout le deuxième bataillon a vaillamment fait son devoir ! Il faut citer la bravoure de M. de Savigny, commandant. MM. Pétry, Paul et Ludovic Tiersonnier, du Colombier, Souques, Gallié, etc., ont été admirables de courage. MM. Bossuat, Point, Foin, Rodier, Chapote, Xavier Spitz, etc., tous sous-officiers, n'ont pas montré moins de sang-froid.

Voici un rapport prussien sur la bataille à Orléans.

Bataille d'Orléans (11 octobre 1870).

Un journal prussien, la *Gazette allemande*, a publié sur le combat du 11 octobre, combat à la suite duquel Orléans a été occupé, un récit intéressant et impartial. Cette narration lui a été envoyée par un témoin oculaire, M. l'abbé Gross, de la 2ᵉ division du 2ᵉ corps de l'armée bavaroise.

Depuis le 22 septembre jusqu'au 6 octobre, nous étions à Balainvilliers, Lonjumeau et Palaiseau, dans le voisinage de Paris. Tout-à-coup, le 8 octobre, le 1ᵉʳ corps d'armée reçut l'ordre de marcher vers le midi, dans la direction d'Orléans, pour arrêter l'armée française qui se réunissait sur la Loire et marchait sur Paris. Déjà, à Angerville, notre cavalerie, le 9 et le 10 octobre, avait rencontré l'ennemi et avait pris 40 ou 50 hommes de la mobile, pendant que huit ou dix d'entre eux tombaient sous les coups de sabre de nos chevau-légers. Le 10 octobre, quand nous nous mîmes en marche, à sept heures du matin, nous entendîmes des coups de canon, et quand nous arrivâmes dans le voisinage d'Artenay, nous vîmes que notre 1re division était déjà sérieusement engagée. Ce jour-là, notre division n'était pas engagée, si ce n'est notre artillerie qui, avec la division d'artillerie de réserve et les batteries de la 1re division, se fit de nouveau distinguer. Notre infanterie, c'est-à-dire le 1er et le 7e bataillon de chasseurs, de même que les 3e, 12e, 10e et 13e régiments prirent position de bataille pendant que la 1re division prenait d'assaut le village d'Arthenay et forçait l'ennemi à quitter le château d'Auvilliers, où dans la matinée plusieurs batteries françaises s'étaient établies et le chassait jusque derrière Chevilly. Ici, la 1re division, surtout la 8e compagnie du Leib-Régiment, fit des pertes considérables.

Lorsque nous partîmes le 11 octobre d'Arthenay, à peine sortis de Cercottes, la bataille recommença de nouveau, mais cette fois beaucoup plus sérieuse que la veille. Cette fois-ci, notre division se trouvait en avant, tandis que la 1re était en réserve. Entre Cercottes, Chanteau et Saran, la bataille prit un très-grand développement. A notre extrême droite se trouvait une brigade prussienne avec de l'artillerie prussienne, soutenues par la cavalerie prussienne et bavaroise. Notre 4e brigade formait le centre pendant que notre 3e brigade se trouvait à gauche, de sorte que le 12e régiment formait l'extrême gauche. La bataille commença par l'artillerie et notre nombreuse artillerie entière y fut employée. Mais bientôt notre infanterie avança et on pouvait entendre les cris de hurra que poussaient les soldats du 13e régiment en chassant l'ennemi à travers bois entre Cercottes et Saran, vers Orléans. Ici, le 12e régiment fut aussitôt appuyé par le 1er bataillon de chasseurs et le 3e régiment d'infanterie. Jusque-là, nos soldats n'avaient pas eu à supporter de pertes considérables, lorsque le feu, à droite dans le voisinage de Saran, devint de plus en plus vif, et je me rendis près de la 4e brigade parce que mon collègue se trouvait près de la 3e. Lorsque j'y arrivai, nos gens avaient déjà pris le village de Saran et toute l'artillerie de ce côté reçut l'ordre d'avancer jusqu'à une hauteur d'où on pouvait voir la ville d'Orléans dans toute son étendue.

Ici, l'artillerie était exposée fortement au feu de l'infanterie ennemie ; en peu de temps deux artilleurs furent tués, un lieutenant et plusieurs soldats blessés. Pendant que j'enterrais un artilleur, un autre, à quelques pas, fut blessé mortellement, et nous ne devons qu'à une chance particulière que les pertes de notre artillerie ne soient pas beaucoup plus considérables, car les balles pleuvaient en masse comme la grêle. Cependant le moment le plus sanglant de cette journée eut lieu dans l'après-midi. A deux heures environ, les Français étaient repoussés de tous côtés sur Orléans. Au nord se réunit à Orléans un long faubourg appelé faubourg des Aydes. Dans ce faubourg, les Français s'arrêtèrent pour la dernière fois et firent une résistance désespérée. De deux heures à sept heures du soir, on se battit autour de ce faubourg, et cette *bataille ne peut se comparer qu'avec la prise d'assaut de Bazeilles.* Là, le 3e régiment du Prince-Charles a horriblement souffert. Le lieutenant en premier Diemling, du 10e régiment, fut le premier qui se hâta de venir à l'appui de ce régiment avec la 5e compagnie ; mais bientôt toutes les autres troupes de la 4e brigade le suivirent. Ici, comme à Bazeilles, on tira sur nos troupes de toutes les maisons, du clocher de l'église et des toits ; aussi mit-on, pour cette raison, le feu à plusieurs maisons.

Le feu ne cessa que le soir vers sept heures, quoique depuis deux heures déjà nous eussions la certitude d'une victoire éclatante. Nous avions pris plusieurs milliers de prisonniers et plusieurs pièces de canon. Parmi les prisonniers, chasseurs, turcos et soldats de la ligne, se trouvaient beaucoup d'Alsaciens allemands et aussi de Suisses allemands.

Des prisonniers qui étaient dans l'église de Saran, j'ai appris que l'ennemi avait reçu des renforts de troupes toute la journée par des trains de chemin de fer. Les Français ont fait des pertes affreuses en morts et blessés. Quand je suis entré hier dans une ambulance de Saint-Jean-de-la-Ruelle, j'ai rencontré deux Suisses, l'un de Zurich, l'autre de Saint-Gall. Je n'ai pu m'empêcher de leur dire que c'était bien fait qu'ils fussent blessés. A présent, nous sommes à Orléans dans des quartiers magnifiques.

Nos pertes sont beaucoup plus grandes qu'elles n'ont été connues jusqu'à présent. Cinq officiers d'état-major ont été tués. La 4e brigade, sous le général de Tann, a gravement souffert. A cette brigade fut assigné l'ordre de prendre les hauteurs d'Orléans, et ce ne fut qu'appuyée par le 1er régiment d'infanterie qu'elle put réussir à prendre d'assaut ces hauteurs si dangereuses pour nos troupes. Ce fut l'action la plus sanglante et la plus décisive de cette fameuse journée, où même, dans les rues d'Orléans, beaucoup de nos compatriotes sont tombés frappés par les Français placés derrière les maisons.

Je reprends mon récit :

Dès quatre heures, le général en chef avait passé la Loire avec le reste de ses troupes, excepté celles qui continuaient à défendre si vaillamment le chemin de fer et la gare. Pendant ce temps, les régiments de ligne, ceux des mobiles de la Charente et du Cher, franchissaient la Loire sur le pont du chemin de fer de Vierzon. La confusion était extrême dans la ville ; les troupes campées sur le Mail, la réserve d'artillerie, les transports militaires, les ambulances, se hâtaient de passer le pont Royal.

Le 1er bataillon avait passé le pont du chemin de fer. Le colonel ne sachant pas les ordres donnés par le général Borel et ne voyant pas venir les 2e et 3e bataillons indiqua, comme point de ralliement général, le village de Sandillon, placé sur la rive gauche, et repassa à gué la Loire pour rechercher les deux autres bataillons.

Toute l'armée d'Orléans se dirigea en partie sur Vierzon, en partie sur Gien. Les mobiles des 2e et 3e bataillons du 12e régiment furent les dernières troupes qui évacuèrent Orléans. Ils cédèrent à des forces considérables, et encore ce fut parce que les munitions manquèrent dès que la nuit les surprit. C'est grâce à la résistance héroïque du 12e mobiles, du régiment étranger et des chasseurs à pied, que le matériel énorme que contenait Orléans pût être évacué sur Bourges. En effet, toutes les dix minutes, alors qu'on défendait la gare des Aubrais, un train chargé de matériel de guerre quittait Orléans pour Vierzon.

Enfin, le régiment se rallia à Sandillon, village déjà occupé par 6,000 hommes. Il faisait nuit, le temps était calme, la route belle ; au loin, en arrière, le faubourg Bannier brûlait. L'horizon était en feu. Pour éviter une trop considérable agglomération de troupes dans Sandillon, où les vivres devenaient rares, le colonel emmena, à deux lieues plus loin, le régiment, qui entra à Jarjau, petite ville hospitalière, où le 12e fut reçu à bras ouverts. Il était dix heures du soir.

A l'appel du lendemain, 710 hommes manquaient. 322 avaient été tués, blessés, pris ou s'étaient égarés au combat d'Arthenay, 388 avaient subi le même sort à la prise d'Orléans ; mais 300 s'échappèrent et parvinrent, après bien des périls, à regagner le régiment à Châtillon-sur-Loire.

De Jarjau, le 12ᵉ se rendit à Cerdon, à travers la Sologne. Aucune troupe n'avait encore foulé ce pays; la population nous reçut avec sympathie. Si elle savait déjà le désastre d'Orléans, elle connaissait la belle conduite du régiment les 10 et 11 octobre! Deux grands propriétaires, MM. Ganeval et Amédée Achard, notre charmant et spirituel écrivain, avaient fait préparer des logements et des vivres en abondance.

A onze heures du soir, deux bataillons de la ligne arrivèrent à l'improviste à Cerdon, se disant poursuivis par une colonne de cavalerie prussienne appuyée par de l'artillerie légère. Ils firent une simple halte à Cerdon, malgré leur fatigue. Cette nouvelle était peu vraisemblable; mais comme nous n'avions presque pas de munitions, il était plus prudent de continuer cette humiliante retraite. A deux heures du matin, les trois bataillons se remirent en marche. A peu près libre de choisir sa destination, le colonel désigna Châtillon, ville de 2,800 âmes, qui fut fort étonnée de voir arriver un régiment; c'était le 13 octobre. Châtillon n'est qu'à quatre lieues de Gien; le canal latéral, la Loire et des coteaux boisés en faisaient un point de défense. C'est une station de chemin de fer qui nous mettait en communication avec Nevers, notre dépôt, notre magasin général.

Six jours après notre arrivée à Châtillon, le régiment avait reçu 300 hommes du dépôt, des chassepots, des uniformes et des chaussures; jamais il n'avait été si complet. Qu'on ne croie pas que malgré nos désastres son moral s'était affaibli! Le 12ᵉ avait la conscience d'avoir fait son devoir et désirait une revanche.

Le 18, le colonel se rendit à Gien pour se mettre

aux ordres du général des Pallières. Précisément le régiment faisait partie de la 1re brigade de la 1re division du 15e corps.

Le général comte de Chabron, le héros de Palestro, commandait notre brigade. Le général des Pallières, qui avait été si héroïque à Sedan à la tête de l'infanterie de marine, commandait la division.

Le 19, le régiment reçut l'ordre de se rendre à Argent, où il arriva en même temps que deux bataillons d'infanterie de marine, le 38e de ligne, vieux régiment encore intact venant d'Afrique, le 1er zouaves de marche, les mobiles de la Charente, le 29e de marche, l'artillerie du colonel Massenet et la cavalerie du colonel d'Astugues.

C'était une belle division formant un effectif de 20,000 combattants.

Pour nous commença la vraie vie militaire : le régiment fut campé, la solde de la mobile fut remplacée par celle de la ligne. Les distributions se faisaient admirablement, grâce à l'administration de M. Bassignot, le meilleur intendant que je connaisse. On manœuvrait tous les jours sous les ordres du général de Chabron qui avait pris le régiment en affection. Nos hommes se déployaient à merveille en tirailleurs. On sentait que nous étions commandés par la main ferme et intelligente du général des Pallières.

Le 28, au rapport, les troupes reçurent l'ordre de prendre deux jours de vivres.

A dix heures, la première division leva son camp d'Argent et coucha à Sully, où elle fit sa jonction avec les troupes venant de Gien.

Notre artillerie avait fait un détour pour passer le pont de pierres de Gien : on se défiait du pont suspendu de Sully. C'était le *calomnier*, car pendant deux mois il résista au passage continuel des troupes avec tout leur matériel.

Le lendemain, 29, le régiment devait franchir la Loire avant le jour ; en effet, sa tête de colonne se présenta à cinq heures devant le pont.

Déjà le 3e bataillon et la moitié du 2e se trouvaient sur la rive droite, lorsqu'arriva l'ordre de rétrograder, de retourner à Argent. Quel désappointement!!

Nous savions que la division des Pallières devait attaquer Orléans avec les troupes du général de Paladines, opérant par Beaugency, et la reddition de Metz était la cause de ce mouvement rétrograde!!!

Le 15e corps resta encore huit jours à Argent ; ce temps ne fut pas perdu. Le général des Pallières, devenu général en chef, avait formé une armée bien équipée, disciplinée et pleine de confiance.

Enfin, le 8 novembre au matin, tout le 15e corps se réunit à Sully. La 1re division alla camper le 9 à Châteauneuf-sur-Loire. Le 10, à cinq heures du matin, par une froide journée de novembre, elle marcha sur la forêt d'Orléans par Fay-aux-Loges et Trainou. Nos tirailleurs fouillaient les bois, les hameaux à gauche et à droite ; la cavalerie éclairait au loin nos têtes de colonnes.

A huit heures, le canon grondait sur notre gauche. A midi, la canonnade devint extrêmement intense. Le cœur nous battait ; nous marchions sur Orléans avec un élan indescriptible. Ce canon qui se rapprochait était-il le canon français ? Etions-nous vainqueurs ? Nos pressentiments nous disaient que oui. C'était bien vrai !

Il ne m'appartient pas de décrire la bataille de Coulmiers : l'histoire d'un régiment se renferme dans un cadre trop restreint.

Le 10 novembre, la division marcha quatorze heures de suite.

Le régiment était plein d'entrain; il n'avait pas un trainard, les écloppés se mettaient dans le rang. Nous voulions entrer dans Orléans. Enfin notre émotion fut grande lorsqu'à la nuit tombante nous aperçûmes la cathédrale.

Le 11 octobre, le 12e mobiles était sorti le dernier d'Orléans; il eut la bonne fortune d'y rentrer le premier le 10 novembre.

A peine campé à Fleury, presque dans les faubourgs, le général des Pallières envoya dans la ville plusieurs compagnies du deuxième bataillon. C'était de toute justice. Alors commença la chasse aux Prussiens.

Cette belle marche du 15e corps contribua beaucoup à la reprise d'Orléans.

L'ennemi, battu à Coulmiers, poursuivi sur Patay, se sentant coupé et cerné par nous, battit en retraite. Nous avions fait, malheureusement, une étape de quatorze heures! nous n'avions presque pas de cavalerie; nous ne pûmes prendre l'arrière-garde bavaroise.

Il était dit que pendant cette malheureuse campagne nos succès même ne seraient pas complets!

Le lendemain de Coulmiers, Orléans reçut nos troupes avec enthousiasme. Cette malheureuse ville, opprimée, pillée et vivant depuis un mois sous la tyrannie du vainqueur, redevint française et libre!

Orléans a dignement fêté le retour des soldats français. Ils furent recueillis au foyer orléanais comme des amis, comme des parents. Les dames de la ville étaient devenues des sœurs de charité; les magistrats, les médecins et tant d'autres citoyens furent admirables de dévouement. Mobiles de la Nièvre, remplissons un devoir:

remercions l'ancien préfet de la Nièvre, M. Genty, notre organisateur avant le 4 septembre! Sa famille et lui se consacrèrent à soigner tout particulièrement nos blessés.

Après la bataille de Coulmiers, le régiment revint encore à Cercottes, à Chevilly et à Arthenay. Il occupa successivement tous les villages qui bordent le nord de la forêt d'Orléans.

Notre armée, enflammée de sa victoire, demandait à marcher sur la capitale, d'autant plus qu'on nous parlait de succès remportés par l'armée assiégée dans Paris.

Ici, la question devient presque politique. Les faits ne me sont pas assez connus pour que je puisse les aborder. Ce serait sortir de mon rôle.

Du reste, le 2 décembre, encore malade à Orléans, je reçus la visite d'un officier de cavalerie, M. de Courvière, que m'envoyait le ministre de la guerre avec ordre de me ramener immédiatement à Tours, où je me rendis.

Le Gouvernement de la défense, après m'avoir nommé colonel du 12e mobiles, me chargeait d'une mission spéciale. Il s'agissait de former, dans le plus bref délai, un corps d'éclaireurs à cheval qui prit le nom de 1er régiment de mobiles à cheval, recruté parmi des volontaires, des mobiles, des mobilisés, désireux de faire la guerre comme cavaliers.

J'acceptai avec empressement. Mais j'eus le regret de quitter subitement le 12e mobiles sans pouvoir serrer la main de mes camarades et sans pouvoir dire adieu aux soldats de mon cher régiment.

Je fus remplacé par M. de Veyny, commandant le 3e bataillon, qui fut nommé lieutenant-colonel.

Après de brillantes affaires à Chambon, à Chilleurs, à Courcy, etc., le 12e prit la direction de l'Est, où de grandes épreuves lui étaient réservées. Il montra de l'abnégation et du courage en luttant contre un ennemi toujours supérieur en nombre et contre un climat meurtrier dans les neiges du Jura.

Je laisse à mon successeur, le marquis de Veyny, le soin de continuer l'historique du 12ᵉ mobiles.

DEUXIÈME PARTIE

Monsieur le Ministre,

Appelé au commandement du 12ᵉ régiment de Mobiles (Nièvre), où j'étais chef de bataillon, j'ai l'honneur de vous adresser le travail que vous m'avez demandé. Je continue l'historique du régiment au point où l'a laissé mon prédécesseur, M. de Bourgoing. Son travail, joint au mien, forme un ensemble aussi complet que possible, quoique nos livres d'ordre aient été perdus dans les désastres qui ont précédé notre entrée en Suisse.

Je réclame donc, Monsieur le Ministre, toute votre indulgence pour ce travail, et suis, de Votre Excellence, le très-humble et très-obéissant serviteur,

Marquis De VEYNY,

Ex-Lieutenant-Colonel du 12ᵉ Mobiles (Nièvre).

Dans ce résumé historique, mon seul but a été de donner autant que possible, jour par jour, les marches et les combats auxquels a pris part le régiment depuis l'époque où j'en ai pris le commandement.

Ce journal, purement militaire, tout aride qu'il paraisse, est le récit exact de notre campagne.

J'ai probablement omis le nom de beaucoup d'officiers, sous-officiers et soldats, qui ont mérité d'être cités ; mais le cadre restreint de ce résumé ne me l'aurait du reste point permis si leurs noms m'étaient revenus à la mémoire.

Je suis heureux de pouvoir ici remercier tous les officiers, sous-officiers et soldats du 12e mobiles du concours qu'ils m'ont prêté pendant toute la campagne.

SUITE DE L'HISTORIQUE

DU 12ᵉ MOBILES

Le régiment remonte à Chevilly. Le mauvais temps rend impossible la poursuite de l'ennemi. Il est décidé que l'armée de la Loire occupera la lisière de la forêt d'Orléans et y pratiquera des travaux de défense. *10 novembre.*

Le 15ᵉ corps campe à Chevilly, en s'étendant sur la droite vers Neuville et Chilleurs. Le régiment est tout entier à Chevilly avec la 1ʳᵉ division. Des batteries, dont une de marine, sont établies sur différents points ; des tranchées sont ouvertes par les hommes pour faciliter la défense. On paraît décidé à attendre un retour offensif de l'ennemi et l'arrivée des troupes du prince Frédéric-Charles venant de Metz. *du 10 au 24*

Le régiment quitte Chevilly avec le 15ᵉ corps, en suivant la lisière de la forêt, passe à Neuville, puis, traversant la forêt, va camper à Loury, où se trouve déjà le général de Longuerue avec sa cavalerie. *24, matin.*

Nous conservons nos campements à Loury. *25 au 28*

Le canon gronde dans la direction du nord-est. On se bat à Beaune-la-Rollande. Nous apprenons que les 17ᵉ et 20ᵉ corps sont attaqués par l'armée du prince Frédéric-Charles, et que nous sommes menacés d'une attaque générale. *28 novembre*

Le camp est levé. Le 12ᵉ mobiles va coucher sur la route de Chilleurs-aux-Bois, en-deçà du village, sur la lisière de la forêt.

29 novembre. — Départ à deux heures du matin; grande halte à Courcy. Le régiment est brisé. On forme trois colonnes dont chacune reçoit un bataillon du régiment dans l'ordre de bataille suivant : le 1er va à Chambon, sous les ordres du colonel Chopin ; le 2e reste à Courcy, sous les ordres du colonel Courtot, du 38e de ligne ; le 3e rétrograde sur Chilleurs, où le général Martin des Pallières a établi son quartier général.

Le 1er bataillon étant campé à Chambon, le soir, les grands'gardes furent doublées. Vers onze heures elles furent attaquées. Une vive fusillade s'engagea avec les troupes prussiennes qui venaient occuper le village de Nancray, situé à peu de distance de Chambon. L'ennemi, ayant appris que nous devions opérer notre jonction avec le 20e corps, cherchait à nous couper.

Ce combat de nuit ne fut qu'une simple alerte sans résultat ; nos grands'gardes conservèrent leurs positions.

30 novembre. — Vers six heures du matin, l'affaire s'engage avec les avant-postes ; les balles arrivent jusque dans le camp qui est levé ; le bataillon est formé et attend l'arme au pied. Le colonel Chopin donne l'ordre au commandant de Pracomtal de déployer en tirailleurs les cinq compagnies qui lui restent et de chasser les Prussiens du village de Nancray. Ce mouvement est promptement exécuté. Le village est enlevé à la baïonnette avec beaucoup d'entrain et d'énergie. Le bataillon s'y maintient pendant deux heures, sous un feu de mousqueterie très-vif engagé avec l'ennemi, qui, en abandonnant Nancray, s'était retranché dans un bois à environ 600 mètres, et il n'abandonne sa position que sur l'ordre du colonel Chopin.

Dans cette affaire, le 1er bataillon s'est vaillamment

comporté; il avait affaire à un régiment de la garde du prince Frédéric-Charles. Ses pertes, vu celles qu'il a infligées à l'ennemi, furent peu considérables : quarante-sept hommes tués, blessés ou disparus. Le commandant cite à l'ordre du jour, comme s'étant particulièrement distingués : MM. Foulon, capitaine; de Chambure, lieutenant; Bonneau du Martray (Étienne), sous-lieutenant, blessé d'une balle qui lui a traversé la mâchoire inférieure; Picault, sergent-major; Marcenat, Martinet, Blanchart et Bertin, sergents; Olivier (François), garde mobile.

Cette brillante affaire, pour le 1er bataillon, lui valut d'être mis à l'ordre du jour de la division.

Pendant ce temps, ce qu'on désirait était arrivé; la jonction était faite. Vers cinq heures, une division du 20e corps venait s'établir à Chambon, et le 1er bataillon quittant Chambon avec la colonne Chopin, rétrogradait sur Courcy, où il retrouvait le 2e bataillon qu'il y laissait, et continuait sa marche sur Chilleurs, où était toujours le 3e bataillon et où était resté le général Martin des Pallières. Pendant cette marche, nous apprenions la sortie de Paris du général Ducrot. Les troupes étaient pleines d'entrain et ne demandaient qu'à se battre. On apprenait également que le général d'Aurelles de Paladines était attaqué, sur notre gauche, entre Patay et Arthenay. On campait en arrière de Chilleurs, à côté du 3e bataillon.

1er décembre

Les troupes qui se trouvaient à Chilleurs et s'étendaient jusqu'à Neuville, au nombre de 15,000 hommes environ, étaient attaquées, vers dix heures du matin, par des forces infiniment supérieures, estimées à plus de 50,000 hommes. Depuis deux jours, les Prussiens se fortifiaient à Montigny, où ils avaient concentré une nom-

3 décembre

breuse artillerie. Après un combat d'artillerie, très-vif de part et d'autre pendant une heure, la nôtre, trop inférieure en nombre, fut forcée d'abandonner ses positions. Le 3e bataillon reçut l'ordre de rester sur la route de Loury, à la lisière de la forêt; le 1er bataillon, d'abord placé en soutien d'une batterie d'artillerie à gauche de la route, fut, pendant la retraite, déployé en tirailleurs pour soutenir le mouvement. Il fit encore, ce jour-là, preuve de beaucoup de calme, et rentra un des derniers dans la forêt, accompagné par les projectiles prussiens. Le 3e bataillon soutint également la retraite de son côté et n'entra dans la forêt que le dernier. Les pertes furent insignifiantes : sept blessés, parmi lesquels le sergent Caillot, du 1er bataillon. Le commandant de Pracomtal cita à son ordre du jour le docteur Comoy et l'abbé Cachet, notre aumônier, qui soignèrent les blessés sous le feu et firent, ce jour-là comme toujours, preuve d'un grand dévouement.

Les obstacles pratiqués antérieurement par nous dans la forêt retardent beaucoup notre retraite; les hommes sont épuisés par la marche, le manque de sommeil et les combats qu'ils ont eu à soutenir. Ce n'est qu'à dix heures du soir que le 1er bataillon arrive à Saint-Lyé, où il est rejoint par le 2e, venant de Courcy, et le 3e, qui a fait retraite aussi après le passage de notre artillerie. Le temps était devenu froid depuis deux jours; la neige couvrait la terre; le campement était détestable; nos mobiles cependant supportaient avec énergie les privations qui leur étaient imposées.

4 décembre

Départ à une heure du matin pour continuer la retraite sur Orléans, où nous arrivons vers dix heures. Nous campons sur le Mail, encombré de troupes de toutes armes. L'artillerie et la cavalerie se hâtent de traverser la

Loire pour gagner la rive gauche. On entend le canon du côté de Chevilly et d'Ormes. Nous apprenons qu'on voulait essayer de défendre Orléans. Des batteries de marine avaient été établies en avant des faubourgs; des tranchées entouraient la ville. Les 2e et 3e bataillons, sous les ordres du lieutenant-colonel de Veyny, reçoivent l'ordre de s'y rendre; le 1er reste en réserve sur le Mail. Le 38e de ligne (colonel Courtot) et un bataillon du 1er régiment de marche de zouaves étaient à notre droite, s'appuyant à la Loire; venaient ensuite les deux bataillons du régiment, et à notre gauche était placé le bataillon de Savoie, sous les ordres du commandant Costa de Beauregard; entre la gauche du régiment et la droite de celui de Savoie était un espace occupé par une batterie d'artillerie de marine de fort calibre.

Les 3e et 6e compagnies du 3e bataillon, sous le commandement des capitaines Fischer et Gallois, sont placées en grand'garde à 500 mètres des tranchées occupées par le régiment.

Le froid était des plus vifs, et la nuit tombant, défense fut faite aux hommes d'allumer des feux pour ne pas attirer dans nos tranchées les projectiles ennemis. Ils durent se coucher et rester immobiles. Nous attendions des ordres. De ce côté-là, il n'y eut aucune tentative d'attaque de la part des Prussiens, qui étaient très-près de nous (1,200 ou 1,500 mètres). A notre aile gauche, il n'en était pas de même, et l'attaque fut très-vive, surtout au faubourg Bannier et à la gare des Aubrais. Orléans, ville ouverte, n'était pas défendable, et après avoir fait tout ce qu'il était possible pour retarder l'entrée de l'armée prussienne dans la ville et permettre à notre cavalerie et à notre artillerie d'opérer leur retraite, nous reçumes l'ordre, à onze heures et demie du soir, d'évacuer Orléans par le pont du chemin de fer. Une convention venait d'avoir lieu entre le général Martin des Pallières et le général prussien. La ville devait être abandonnée sous peine de bombardement. Nos batteries de marine furent enclouées, poudre et matériel furent détruits.

5 décembre — Tout le 15ᵉ corps quitta Orléans, en passant partie sur le pont de pierre, partie sur le pont du chemin de fer. Les deux colonnes devaient se rejoindre à La Motte-Beuvron. Le 12ᵉ mobiles alla camper, vers les trois heures du matin, à Saint-Cyr-en-Val pour repartir à neuf heures. Grande halte à la Ferté-Saint-Aubin, et le soir nous arrivâmes à La Motte-Beuvron. Le régiment campa à l'entrée du village. Les hommes étaient excessivement fatigués. Depuis la levée du camp de Chevilly, ils n'avaient jamais pu dresser leurs tentes pour s'abriter du froid et étaient obligés de se coucher par terre, toujours tenus en alerte par l'ennemi.

6 décembre — Le départ a lieu vers neuf heures du matin pour Salbris, où on arrive à quatre heures du soir. On campe à 3 kilomètres du village, sur la route d'Aubigny.

7 décembre — A sept heures du soir, on lève le camp précipitamment, notre arrière-garde étant attaquée par une forte reconnaissance prussienne qui ne cessait de nous poursuivre depuis notre départ d'Orléans. Après une marche des plus fatigantes, on arrive à Aubigny vers minuit. Le régiment campe en dehors de la ville, sur la route d'Argent.

8 décembre — Séjour à Aubigny. La neige, depuis notre départ de Salbris, ne cessait de tomber.

9 décembre — Départ à une heure du matin pour Henrichemont. On arrive à quatre heures du soir. La marche devient de plus en plus pénible; les chevaux de l'artillerie et du

convoi ne peuvent plus avancer, tant la route est devenue glissante et même dangereuse par suite de l'abondance des neiges.

Départ d'Henrichemont à trois heures du matin; étape de 54 kilomètres. On arrive à Bourges à sept heures du soir. On traverse la ville, et les troupes vont camper sur le plateau glacial de La Chapelle. Il faisait un temps si froid et la terre était si dure, qu'il fut impossible aux hommes de dresser leurs tentes; ils furent obligés de passer la nuit autour des feux de bivouac. Plusieurs furent gelés pendant cette nuit, et on dut les évacuer sur les ambulances de Bourges. *10 décembre*

Séjour. *11 décembre*

Départ de La Chapelle à sept heures du matin; arrivée à Mehun à quatre heures du soir. *12 décembre*

Départ de Mehun à onze heures du matin. Nous arrivons à Vierzon, occupé par un détachement prussien. Sa fuite est si précipitée en voyant un escadron de chasseurs, que quelques-uns furent faits prisonniers. On alla camper en dehors de la ville. *13 décembre*

Séjour à Vierzon. Le général Durieu prend le commandement de la 1re division du 15e corps. Le général Minot conserve celui de la 1re brigade de cette division, qui est réduite aux 1er régiment de marche de zouaves, 12e régiment de mobiles et bataillon de Savoie. *15 décembre*

Départ de Vierzon pour Mehun. Les trois bataillons du régiment sont cantonnés dans les environs de Beauvoir. A dater de ce jour, vu l'intensité du froid et l'abondance des neiges, nos généraux reçoivent l'ordre de cantonner leurs troupes toutes les fois que la chose leur sera possible. Cette mesure, qui aurait dû être prise depuis longtemps, apporte un grand soulagement à nos pauvres soldats, que le manque de sommeil surtout épuisait. *16 décembre*

17 et 18 décembre	Séjour à Beauvoir.
19 décembre	Départ à neuf heures du matin pour Bourges, où on arrive à cinq heures du soir. Nos troupes occupent de nouveau, par un froid des plus rigoureux, le plateau de La Chapelle.
20, 21 et 22	Séjour, dont on profite pour faire distribuer aux hommes des pantalons, des vareuses et surtout des chaussures, dont ils ont le plus grand besoin.
23 décembre	Départ pour Marmagne, où les troupes cantonnent.
24 décembre	On part à dix heures du matin pour aller s'établir à Champcency, hameau à 6 kilomètres de Mehun.
25 décembre	A sept heures du matin, la brigade Minot va se cantonner de nouveau à Vierzon.
26, 27, 28 et 29	Séjour à Vierzon. Les bruits les plus contradictoires circulaient dans le camp : Les entrevues de Gambetta et du général Bourbaki n'amenaient pas de résultat ; on hésitait entre un mouvement sur Paris par Montargis et la forêt de Fontainebleau, et une diversion dans l'Est. On fondait le plus grand espoir sur cette dernière opération, qui, combinée avec un mouvement offensif sur Paris des généraux Chanzy et Faidherbe, pouvait changer complètement la face des choses.
30 décembre	On s'occupe de compléter l'habillement des hommes.
31 décembre	Départ pour Barangeon, village à 3 kilomètres sur la route de Mehun.
1er et 2 janvier 1871	Séjour à Barangeon. On en profite pour se préparer au mouvement dans l'Est, dont la réalité prend de plus en plus de consistance.
3 janvier	Nous quittons Barangeon à trois heures du soir pour reprendre notre cantonnement à Vierzon, où l'embarquement des troupes destinées à opérer dans l'Est est déjà commencé.
4 janvier	Tout le 15e corps, sous les ordres du général Marti-

neau des Chenetz, qui avait succédé au général Martin des Pallières, s'embarque à Vierzon, Mehun et Bourges. Le 12ᵉ mobiles prend le chemin de fer à Vierzon à onze heures du matin. Le trajet se fait très-lentement par Bourges, Nevers, Chagny, Dijon et Besançon. Nous arrivons à Clerval le 6 janvier. Halte de quelques heures et départ de la 1ʳᵉ brigade pour Anteuil, village situé sur la route de Bâle. La traversée du Doubs à Clerval a lieu sur des radeaux et des petites barques, le pont ayant été coupé antérieurement pour la défense de la ligne du Doubs.

Séjour et repos à Anteuil. Les zouaves sont cantonnés à Glainans, le bataillon de Savoie à Saint-Georges. La neige, de plus en plus abondante, ne cesse de nous poursuivre depuis notre départ d'Orléans. 7, 8, 9 et 10

Ordre de départ pour Pont-de-Roide. La colonne se met en mouvement à huit heures du matin. Nous traversons Glainans et Damblain pour nous rendre dans le petit hameau de Neufchâtel, encaissé dans les montagnes. On se disposait à cantonner, quand arrive un ordre de rétrograder et d'aller passer le Doubs à Clerval. 11 janvier

En ordonnant le premier mouvement, le général Rolland, qui commandait à Besançon, avait pour but de faire passer à la 1ʳᵉ brigade le Doubs à Pont-de-Roide, où le pont était en voie de rétablissement. Nous devions, à Blamont, remonter vers le nord et tourner Montbéliard, tandis que le général Bourbaki attaquerait de front la ligne d'Héricourt à Montbéliard. Le général en chef, trouvant son aile droite trop faible, nous rappelait pour la renforcer. Nous retournons en effet à Anteuil, distant de 20 kilomètres, où nous arrivons à dix heures du soir, par un vent glacial et la neige couvrant la route ; les hommes en avaient jusqu'à mi-jambe, et nous reprenons notre cantonnement du matin.

12 janvier   Départ d'Anteuil à sept heures du matin pour Clerval, où, depuis cinq jours, le génie travaille à réparer le pont sur le Doubs. Le passage n'est possible qu'à deux heures, et nous arrivons à Clerval-Fontaine vers quatre heures. Les zouaves et le bataillon de la Savoie vont se cantonner à quelques kilomètres plus loin.

Départ à deux heures du matin. Nous traversons l'Isle-sur-Doubs et nous arrivons à Montenois vers onze heures. La 1re brigade fait une grande halte pour permettre aux hommes de se reposer et de faire le café. La 2e brigade de la 1re division, sous les ordres du général Questel, avait pris une autre route et était en avant. Vers une heure de l'après-midi, notre brigade prend les armes et se forme en bataille sur le plateau qui domine la vallée, où se trouve le village de Sainte-Marie, au pouvoir des Prussiens. A la gauche de Sainte-Marie, à une assez grande distance, on aperçoit le village d'Arcey, également occupé par l'ennemi. Ce dernier village est abordé et enlevé à la baïonnette par les troupes du 20e corps. Sainte-Marie est attaqué par la 2e brigade de notre division. La défense est vigoureuse, et notre général reçoit l'ordre d'envoyer du renfort. Désigné par le général Minot, le 12e mobiles se porte en avant; mais les deux premières compagnies du 2e bataillon, déployées en tirailleurs, entrent dans le village sans résistance : les Prussiens, vivement attaqués par une charge à la baïonnette des troupes de la 2e brigade, venaient de l'évacuer. Le régiment des mobiles de la Charente s'est particulièrement distingué dans cette affaire.

Le régiment cantonna dans le village de Sainte-Marie ; le reste de la 1re brigade campa sur le plateau, et le soir le général Questel faisait occuper Saint-Julien par des troupes de sa brigade.

Nous quittons Sainte-Marie à sept heures du matin pour aller à Saint-Julien. Le général Minot vient nous rejoindre dans la journée avec le reste de la brigade et l'artillerie de la division. Le général Durieu établit son quartier général à Saint-Julien. Le soir, il y eut une alerte : c'était une grand'garde de zouaves qui tiraillait avec les avant-postes prussiens. La nuit, du reste, fut calme.

14 janvier

Départ de Saint-Julien à huit heures du matin. La marche est lente, car il faut déloger les Prussiens embusqués dans tous les villages ; ils se retiraient lentement dans les retranchements formidables que Werder avait fait établir depuis Belfort jusqu'à Montbéliard. Héricourt était le point central de cette ligne de défense qui dominait la vallée de la Lisaine ; des batteries de siége de fort calibre couronnaient toutes les hauteurs. Le régiment arrive à Allondans, où les ambulances de la division sont laissées. C'est là que le général Martineau des Chenetz établit le quartier général du 15e corps. En arrivant au pied du Mont-Chevis, dans une vallée assez étroite et qui nous dérobait à l'ennemi, la brigade fit halte. Après avoir reconnu la position de l'ennemi, dont les batteries occupaient la ferme placée sur le plateau, le colonel Massenet fit établir une batterie de huit sur une hauteur dominant le plateau occupé par l'artillerie prussienne, et pendant que cette batterie attirait le feu de celles de l'ennemi, une autre batterie de quatre se portait vivement sur le plateau même, soutenue par deux compagnies du 2e bataillon du régiment, et forçait les Prussiens à abandonner promptement leurs positions et la ferme du Mont-Chevis pour se retirer dans le village fortifié de Béthoncourt et dans le château de Montbéliard. Le reste de la journée se passa en un com-

15 janvier

bat d'artillerie qui, des deux côtés, se livra à un feu des plus vifs. Les troupes de la 1re division bivouaquèrent sur le plateau du Mont-Chevis, le 12e mobiles en arrière du bois Bourget. Lorsque les Prussiens abandonnèrent leur position de la ferme du Mont-Chevis, les deux compagnies du 2e bataillon envoyées pour soutenir la batterie d'artillerie se jetèrent résolument, avec quelques compagnies du 1er zouaves, à leur poursuite et enlevèrent le cimetière de Montbéliard, qu'elles n'abandonnèrent que dans la soirée, ne recevant point de secours et l'artillerie ennemie les foudroyant depuis longtemps.

Combat de Béthoncourt.

16 janvier

Dès la pointe du jour, les obus des batteries établies dans le château de Montbéliard tombent dans notre campement et font quelques victimes. Notre 2e brigade entre dans Montbéliard; elle y reste vingt-quatre heures sans réussir à s'emparer du château, défendu par une formidable artillerie. La canonnade est très-vive des deux côtés. Notre artillerie, admirable d'énergie et d'abnégation, voit tous ses efforts infructueux, la portée de nos pièces étant bien inférieure à la portée de celles de l'ennemi qui nous oppose des pièces de siége. Vers midi, la 1re brigade reçoit l'ordre de se porter en avant et d'enlever le village fortifié de Béthoncourt. La colonne, conduite par le général Minot, traverse un bois assez épais pour cacher son mouvement et vient se former en bataille sur la lisière en face du village. Notre artillerie se place sur notre flanc droit, sur une hauteur; elle est soutenue par une batterie de mitrailleuses (capitaine

André); elle doit faire diversion au feu de l'ennemi pendant l'attaque.

Le village de Béthoncourt, crénelé et fortement défendu par une infanterie nombreuse, est placé à mi-côte ; le sommet de la montagne est couronné de pièces de siége dont le tir plonge dans la vallée, entre notre position et le village. La distance est de 6 à 700 mètres. A droite de nous, dans la plaine et à mi-chemin du village, se trouve le cimetière, entouré de murs et cachant à nos yeux une troupe d'infanterie prussienne qui doit nous prendre en écharpe sans que nous puissions l'atteindre, abritée qu'elle est par de fortes murailles. Il faut, pour arriver au village, traverser une plaine découverte et être constamment exposé au feu d'un ennemi invisible, passer la petite rivière de la Lisaine, ayant plus de 8 mètres de largeur et 2 mètres de profondeur, avec une berge assez élevée (les Prussiens, prévoyant notre attaque, en avaient rompu la glace), traverser la route de Montbéliard à Belfort, la ligne du chemin de fer, à cet endroit en déblai, et dont le sommet, de notre côté, est garni de sacs à terre abritant des tirailleurs placés à chaque créneau ; enfin, arriver aux premières maisons du village toutes crénelées. Voilà les difficultés que la colonne d'attaque devait rencontrer. Elle était ainsi composée : le 1er bataillon de Savoie, déployé en tirailleurs, devait marcher en tête, appuyé par le demi-bataillon de droite du 3e bataillon du 12e mobiles ; le reste du régiment, formant deux colonnes, devait, en soutenant l'attaque, contourner le village par la droite et la gauche et aider la colonne du centre à en déloger l'ennemi ; les zouaves devaient concourir à l'attaque générale en faisant une puissante diversion d'un autre côté.

Toutes ces dispositions prises, le général Minot donne le signal de l'attaque. Les clairons sonnent la charge ; les troupes s'élancent! Le bataillon de Savoie, brillamment enlevé par son commandant, part le premier. Mais, au moment de la charge, une fusillade des plus vives, soutenue par l'artillerie ennemie, part de Béthoncourt. En vain nos hommes s'élancent-ils en avant ; ils sont frappés de tous côtés, et bientôt la terre est couverte de morts et de blessés. Le commandant de Costa en arrivant à la hauteur du cimetière, tombe grièvement blessé; le capitaine de Cordon, qui le remplace, arrive avec quelques hommes jusqu'au bord de la rivière, où il a la douleur de voir ses braves soldats s'y noyer. Impossible d'aller plus loin. On ne peut franchir cet obstacle. Le général fait sonner la retraite, qui s'exécute sous une pluie de mitraille. Le 12e mobiles reçoit l'ordre de la soutenir, en prévision d'une poursuite de l'ennemi, ce qui n'était pas à redouter, l'obstacle qui nous avait empêché d'aller à lui s'opposant également à son passage.

Les troupes qui prirent part à ce combat eurent beaucoup à souffrir, et leurs pertes furent très-sérieuses. Le bataillon de Savoie fut décimé ; son commandant fut blessé. Le 12e mobiles fit des pertes sérieuses : un officier blessé, le capitaine Mignot, du 3e bataillon, la main gauche traversée par une balle, cent quarante-quatre hommes tués ou blessés. Le régiment de la Charente, de la 2e brigade, perdit beaucoup de monde : dix-huit officiers furent tués ou blessés. On ne peut pas estimer à moins de douze cents hommes le chiffre des pertes.

Les causes qui déterminèrent l'insuccès de cette affaire sont faciles à apprécier :

1° Notre artillerie, qui au moment de l'attaque devait faire une puissante diversion en notre faveur, fut muette, et cela faute de munitions.

2° Si l'état-major du 15ᵉ corps qui avait combiné cette attaque avait été mieux renseigné, il eût su que la rivière la Lisaine que nous avions à passer était infranchissable vu sa largeur et sa profondeur, et en admettant même que cet obstacle eût pu être franchi, nos soldats, fatigués par une longue et rapide course, mouillés par l'eau glaciale de la rivière, seraient venus se briser contre les murailles crénelées des maisons du village, d'où les Prussiens, à l'abri du danger, pouvaient tirer sur eux à bout portant. L'état-major donnait si peu d'importance à cet obstacle, que nous étions prévenus que cette rivière n'était qu'un simple ruisseau ayant de 0ᵐ,50 à 0ᵐ,60 centimètres de profondeur. Le premier paysan consulté aurait fourni d'excellents renseignements et fait modifier ce plan d'attaque dont l'insuccès était certain.

Le soir, la brigade alla de nouveau camper sur le plateau du Mont-Chevis.

La 1ʳᵉ division du 15ᵉ corps vint camper dans une petite vallée située entre le Mont-Chevis et le bois, d'où fut donné l'assaut de Béthoncourt. Nous ne fûmes nullement inquiétés par l'ennemi ; on fit même des distributions de vivres, et ce n'était pas sans besoin : pendant trois jours nous n'avions mangé que du cheval (et quel cheval!) et bu l'eau provenant de la neige que l'on faisait fondre. Les chevaux, pendant ce temps, n'eurent aucune distribution ; ils vivaient de branches de bois, de feuilles et de fougères.

17 janvier

A cette date, le général Durieu quitte le commandement de la division. Il est remplacé provisoirement par le général de brigade Minot, et le lieutenant-colonel de Veyny prend le commandement de la 1re brigade.

18 janvier Nous occupons le même campement. On redouble de vigilance dans la crainte d'une surprise de l'ennemi, qui n'est pas à plus d'une portée de fusil de nos avant-postes.

Avant de continuer le récit bien triste de cette campagne, je sens le besoin de parler un peu des ambulances de l'armée. Je ne parle bien entendu que de ce que j'ai vu au 15e corps. Pendant toute la campagne, le service des ambulances n'a jamais été fait d'une manière satisfaisante. Je ne les ai jamais vues sur un champ de bataille, et nos blessés n'ont presque jamais été relevés. Le service des cacolets était encore plus défectueux ; souvent même ils refusaient de marcher, et nos blessés étaient souvent très heureux de tomber au pouvoir de l'ennemi ; là, du moins, ils avaient la chance d'être soignés. Pour parler seulement de l'affaire de Béthoncourt, je puis affirmer que presque tous nos blessés sont morts de froid, de faim et faute de soins.

Après le combat, je chargeai le capitaine Frédéric d'Assigny de prendre soixante hommes du régiment et d'aller ramasser nos blessés dans le bois et dans la plaine de Béthoncourt. Il partit accompagné du sous-lieutenant de Chaligny et du docteur Comoy. Cette expédition, toute de dévouement, n'était pas sans danger, car plusieurs fois les Prussiens tirèrent sur eux et plusieurs de ces hommes furent blessés. Ils parvinrent à transporter soixante-trois blessés. Ceux qui l'étaient le moins dangereusement purent se traîner jusqu'à Allondans, où l'on avait établi une petite ambulance dans la mairie ; les autres furent déposés dans une mauvaise cabane de charbonnier, où ils restèrent entassés les journées des

16, 17 et 18, sans recevoir ni soins ni nourriture, couchés sur la terre et mourant de froid. J'ai réclamé en vain l'envoi des voitures d'ambulance ou tout au moins de cacolets. Le 18 au soir, j'envoyai un officier à Allondans avec ordre de m'amener les voitures nécessaires pour le transport de ces malheureux et d'employer même la force, s'il le fallait, pour les obtenir. Il revint avec deux voitures d'ambulance et deux voitures de réquisition garnies de paille. Je pus enfin faire évacuer ceux qui étaient encore vivants et faire enlever les morts.

Ces faits se sont présentés pendant tout le cours de la campagne et se passaient sous les yeux de nos hommes. Je suis convaincu que ce n'était pas là le moyen de leur donner de l'entrain et du courage. Un soldat va au feu avec ardeur et fait volontiers le sacrifice de sa vie lorsqu'il sait qu'il sera soigné avec dévouement s'il est blessé ; mais aussi, s'il sait qu'il sera abandonné sans soins dans un fossé, la nature prend le dessus, et au lieu d'un soldat courageux, vous n'avez souvent qu'un homme sans ardeur et sans énergie.

Je suis heureux, dans cette circonstance, de signaler le courage et l'ardeur du docteur Comoy et du capitaine d'Assigny, qui se sont acquittés noblement de cette mission.

L'ordre du départ est donné à deux heures du matin. On laisse les feux allumés pour laisser croire à l'ennemi que nous ne partons pas. La retraite est pénible et triste. Nous passons par Allondans, Dung et Lisle, où nous arrivons à deux heures du soir. Nous campons sur un plateau qui domine la ville et nous passons la nuit dans une neige fondue et réduite en boue. *19 janvier*

Départ à quatre heures du soir. Nous arrivons à Pont-pierre à neuf et demie. Nous cantonnons. *20 janvier*

21 janvier — Départ de Pontpierre à trois heures du matin. Nous cotoyons le Doubs. Nous arrivons à Clairval à huit heures. Notre présence dans cette ville n'est point longue ; notre retraite est rapide. Nous partons vers midi ; nous traversons Branne, et l'étape se continue jusqu'à Baume-les-Dames, où nous arrivons à dix heures du soir, laissant derrière nous des hommes épuisés tombant sur le chemin.

22 janvier — A notre arrivée à Baume-les-Dames, on nous dirige sur la gare, où nous apprenons que notre division va être embarquée par le chemin de fer pour être conduite à Besançon. Nous partons à deux heures du matin, et, après une station d'une heure dans cette ville, nous en partons à huit heures et demie pour arriver vers dix heures à Byans, station peu importante sur la ligne de Besançon à Pontarlier. Le régiment forme les faisceaux entre la gare et le village, et les hommes peuvent enfin songer à faire la soupe.

23 janvier — Le général Minot, qui était parti de Baume avant nous, s'était dirigé sur Quingey avec le reste de la division. Nous attendions ses ordres à Byans. Ayant appris que des éclaireurs Prussiens apparaissaient le long de la ligne du chemin de fer, deux compagnies, commandées par MM. Ruby, capitaine, et Laguigné, et appartenant au 2e bataillon, reçurent l'ordre d'aller défendre le passage du Doubs au pont du chemin de fer. De son côté, le général Minot envoyait un bataillon du 1er zouaves pour défendre le passage du Doubs au pont de Reculot. A deux heures, nous recevions l'ordre de rejoindre la division à Quingey, où nous arrivions à quatre heures du soir. Quingey est un chef-lieu de canton environné de fortes montagnes et qui se trouve sur la route de Besançon à Lyon. La rivière la Loue coule alentour et lui forme une défense naturelle.

L'ennemi ayant forcé la ligne du Doubs, notre position n'est plus tenable à Quingey, que nous quittons vers une heure de l'après-midi. Nos grand'gardes tiraillent vivement avec l'avant-garde prussienne. Nous nous dirigeons sur Beurre, où nous arrivons à neuf heures du soir. Beurre est situé sur le Doubs, à peu de distance de Besançon. Les deux compagnies que j'avais envoyées de Byans pour défendre le passage du Doubs, n'ayant pu être prévenues à temps de nous rejoindre, se dirigèrent sur Besançon, où elles restèrent. Elles ne purent jamais rejoindre le régiment. Il en fut de même du bataillon du 1er de zouaves, qui, pour ne pas être fait prisonnier, se réfugia à Salins, où, avec la garnison des forts, il concourut énergiquement à la défense de la place sous les ordres du capitaine adjudant-major Baratte. *23 janvier*

Ordre de départ à neuf heures de matin. Encombrement des routes : cavalerie, artillerie, convoi, voitures d'ambulance, pêle-mêle complet. Halte à Puget. Distribution de vivres. Nous arrivons à quatre heures du soir à Epeugney. Le 3e bataillon continue sa route jusqu'à Rurey, où l'on signalait l'ennemi. A 2 kilomètres du village se trouve une haute montagne qui, par une gorge ressemblant à une déchirure, donne passage dans la vallée de la Loue. Un pont de pierre de taille donne accès sur l'autre rive, qui est au pouvoir de l'ennemi. On barre le pont; on place des obstacles de toute sorte à l'entrée de la gorge, et deux compagnies du 3e bataillon (les 7e et 6e) placées sur la hauteur sont chargées de la défense. Le reste du bataillon est à Rurey. *24 janvier*

L'ordre est donné aux deux autres bataillons d'aller soutenir à Rurey le 3e ; une section d'artillerie les accompagne. Les francs-tireurs de Bombonnel sont également à Rurey. L'ennemi est en forces considérables de l'autre *25 janvier* côté de la Loue. De temps en temps quelques coups de feu sont échangés par les postes avancés.

26 janvier — Séjour à Rurey. On redouble de surveillance ; on sent que l'ennemi nous entoure de tous côtés. Dans la nuit du 26 au 27, le général envoie une section du génie pour faire sauter le pont sur la Loue. On y travaille toute la nuit, presque sous les yeux de l'ennemi. A onze heures du matin, le pont saute ; deux arches s'écroulent. On peut se croire en sûreté.

27 janvier — Nous quittons Rurey vers midi. Nous repassons par Epeugney pour nous réunir à la division. Nous passons la Loue à Cléron, puis après avoir traversé le plateau d'Armancey, nous arrivons à Bolandoz. A peine avions-nous quitté Rurey, nous croyant bien en sûreté après la destruction du pont sur la Loue, que les Prussiens entraient dans le village, faisaient prisonniers quelques trainards et nous poursuivaient presque à portée de canon.

Le général Dastugue est nommé général de division et le général Minot reprend le commandement de notre brigade.

28 janvier — Départ de Bolandoz à sept heures du matin. Depuis la veille, nous savions que notre général en chef Bourbaki avait, de désespoir, attenté à ses jours et avait remis son commandement au général de division Clinchant. En nous retirant, nous avions l'espoir de suivre les hauteurs du Jura, laissant la Suisse à notre gauche, et de gagner le département de l'Ain par Mouthe, Saint-Laurent et Saint-Claude. Nous arrivons à sept heures du soir à Sombacourt, grand et fort village situé au pied d'une haute montagne couverte de sapins gigantesques. Toute la division se cantonne facilement. Nos deux généraux, Dastugue et Minot, sont avec nous ainsi que leur état-major.

Combat de Sombacourt.

Le régiment était cantonné à l'extrémité du village, dans la partie regardant Byans, distant de 1500 mètres. Ce dernier point était occupé par la réserve du 15e corps, général Pallu. Nos généraux étaient logés au centre du village, au presbytère. Le bataillon de Savoie était cantonné à notre gauche et le premier de zouaves à notre droite; la 2e brigade était dans l'autre partie du village et l'artillerie parquée en dehors, de l'autre côté de la montagne. Notre cantonnement était bien gardé: un demi-bataillon de zouaves était placé au Souillot, sur la route de Salins, et un poste de tirailleurs, à 1,500 mètres environ du village, servait à le relier à la grand'garde; deux compagnies du 12e mobiles étaient placées à 2 kilomètres sur la route de Bolandoz.

29 janvier

A quatre heures et demie du soir, le général Dastugue fit appeler tous les chefs de corps pour prendre des mesures de défense, l'ennemi s'avançant en forces par la route de Salins et notre grand'garde de zouaves venant d'être forcée de battre en retraite. Le général fit partir de suite un bataillon de zouaves et une batterie d'artillerie pour soutenir la grand'garde, et ordre fut donné aux troupes de la division de prendre les armes et d'attendre de nouveaux ordres.

A six heures, on entend dans le lointain quelques coups de feu, puis tout bruit cesse. Nous pensons que l'ennemi s'est retiré, lorsque tout-à-coup une vive fusillade s'engage à l'extrémité du village, et bientôt, au milieu d'une nuit assez profonde, on tire de tous côtés. Les Prussiens, profitant de l'obscurité, venaient d'envahir

Sombacourt de trois côtés ; seul, celui que nous occupions restait libre. Les 2ᵉ et 3ᵉ bataillons formés en bataille dans la grande rue, par une fusillade bien nourrie, empêchèrent les Prussiens d'avancer, tandis que le 1ᵉʳ bataillon, placé sur la route de Byans, évitait que nous fussions tournés. Nous attendîmes inutilement des ordres de nos généraux : l'attaque avait été si vive et si subite, qu'ils avaient été faits prisonniers avec leur état-major dès le début. En même temps des cris et des hurlements de bêtes fauves que nous entendîmes sur notre droite ne nous laissèrent aucun doute sur le sort de notre parc d'artillerie, qui venait de tomber aux mains de l'ennemi. A sept heures, l'obscurité était si grande et la confusion telle, que tout le monde tirait au hasard. Le feu se ralentissait à l'extrémité du village et les Prussiens nous menaçaient de tous les côtés. Résister plus longtemps n'était point possible ; il ne nous restait plus que la retraite. La route directe de Pontarlier nous était coupée ; celle de Byans seule était libre. Nous commençâmes notre mouvement lentement ; trois compagnies, fortement engagées, furent faites prisonnières presque en entier. Le colonel cite à l'ordre du régiment le capitaine Gallois, de la 6ᵉ compagnie du 3ᵉ bataillon, qui fit preuve de beaucoup de calme et de sang-froid dans cette circonstance.

En passant à Byans, nous trouvons la division Pallu sous les armes et commençant son mouvement de retraite. Grâce à un guide pris dans le village, nous arrivons, en traversant une forêt de sapins et un terrain couvert de neige, au village d'Arçon vers une heure du matin. Là nous trouvons l'état-major du 18ᵉ corps, général Billot ; et son chef d'état-major, le colonel Lespès, nous apprend qu'un armistice vient d'être signé ;

mais il ignorait alors que l'armée de l'Est n'en faisait point partie.

Le 30, à dix heures du matin, nous quittons Arçon et nous arrivons à Pontarlier. Le lieutenant-colonel du 12e mobiles va prendre les ordres du général commandant le 15e corps. Nos généraux étant prisonniers et se trouvant le plus ancien officier supérieur de la division, il en prend le commandement. Nous allons cantonner à Oye, village situé à quatre kilomètres de Pontarlier, sur la route de Mouthe. Nous y arrivons à quatre heures du soir.

Les débris de la 1re division reçoivent l'ordre de se porter à Vaux pour se joindre à la division du général Ségard et concourir avec elle à la défense de ce village, qui, par une vallée étroite, donne passage sur celle de Pontarlier à Mouthe. Ce point, au pouvoir de l'ennemi, lui permettait de couper notre armée en deux.

31 janvier

En arrivant à Vaux, à une heure de l'après-midi, nous apprenons avec découragement que le général Ségard chargé de la défense de ce passage, l'a abandonné depuis le matin. Nous trouvons à l'entrée du village un bataillon d'une des légions du Rhône (colonel Valentin), dont le reste du régiment est un peu en arrière du village de Sainte-Marie. Nous assistons au défilé de la division du général Martinez, qui ne peut nous renseigner sur la position de l'ennemi, sa division venant de Bonneveau, où elle a passé la nuit. Nous crûmes donc avoir le temps de cantonner et l'ordre en fut donné à la 1re division ainsi que de prendre les mesures nécessaires pour la défense de ce village, quand une forte colonne ennemie fut signalée.

Le village de Vaux est situé à l'entrée d'une gorge étroite dominée par deux montagnes très-élevées et couvertes de sapins. Le capitaine de Sainte-Marie, attaché à la 2e brigade et qui était avec nous, fit partir deux compagnies d'un bataillon de la légion du Rhône pour occuper la hauteur de droite, tandis que les zouaves, sous les ordres du commandant Mille, devaient occuper celle de gauche ; le reste de la division restait pour défendre le village. Malheureusement nous étions peu nombreux, les hommes étaient exténués de fatigue et démoralisés, croyant à un armistice qu'on leur avait annoncé. De plus, l'ennemi avait quelques pièces de canon. Après avoir tenu sur les crêtes et dans le village pendant une heure, l'ordre fut donné de battre en retraite.

Le commandant de Pracomtal, avec les trois premières compagnies de son bataillon (capitaines de Saint-Maur, Comte et de Chambure) à peine 130 hommes, tint en échec pendant plus d'une heure un ennemi bien plus nombreux, 1,500 environ, et nous permit d'accomplir notre retraite en bon ordre. Nos pertes furent de dix-huit hommes tués ou blessés, les Prussiens en ont avoué depuis plus de quatre-vingts.

N'ayant aucune instruction et étant vigoureusement poursuivi, je crus dès le soir même devoir mettre le plus de terrain possible entre l'ennemi et les débris de la division que je commandais. Nous nous dirigeons directement sur la frontière de Suisse, seule voie qui nous reste encore libre en passant par Saint-Antoine, les grands Hopitaux, et nous arrivons à onze heures du soir aux forges de Ferrières, à 1500 mètres de la frontière. Nous sommes reçus d'une manière admirable par les habitants, et le maire, M. Vandel, maître de forges, fait l'impossible pour procurer à nos hommes, harassés et mourant de faim, un gîte et des vivres.

Le matin, j'envoyai M. le capitaine de Sainte-Marie et M. d'Espeuilles, lieutenant au régiment, pour me précéder auprès des autorités suisses, et apprenant que la plus grande partie de l'armée française avait déjà passé la frontière et que l'ennemi avait encore gagné du terrain dans la nuit, je quittai le cantonnement à onze heures, et à midi nous mettions le pied sur le territoire neutre, où le régiment fut désarmé et dirigé sur Orbe. {1er février}

L'appel nominatif fut fait dans les différents corps composant la division ; 1,800 hommes environ répondirent. Le 12e régiment de mobiles, qui au début de la campagne était fort de 3,500 hommes, et qui plusieurs fois avait reçu des renforts, était réduit à 452. Il est vrai que quelques traînards ont rejoint plus tard.

Nous fîmes trois étapes pour nous rendre à Berne, où nous arrivâmes le 4 février. Les hommes passèrent la nuit dans les casernes de la ville. {4 février}

Le régiment fut dirigé sur Sùmiswald, canton de Berne, où il resta pendant toute la durée de l'internement. {5 février}

MM. les officiers du 12e mobiles furent internés partie à Baden, partie à Zurich.

Le régiment quitte Sùmiswald, s'embarque en chemin de fer à Burgdorff, et, après avoir traversé Genève, Chambéry, Grenoble et Lyon, arrive le 22 à Nevers à huit heures du soir. {19 mars}

La mobile fut licenciée le 23 mars au matin.

En résumé, le 12e mobiles a été formé un des premiers. Dans les tristes circonstances où s'est trouvée la France au moment de nos premières défaites, l'élan de tous ceux qui pouvaient concourir à la formation des cadres du régiment a été unanime.

Ceux qui n'avaient point servi, parmi les officiers, se

sont mis avec ardeur à la hauteur de leurs grades. Nos hommes, habitués dès l'enfance aux durs travaux des champs, ont fait preuve pendant toute la campagne d'une abnégation et d'un courage dignes d'éloges. Si leur instruction n'était pas complète dans le début, nous n'avons eu qu'à nous louer de leur bonne volonté, et au feu tous se sont bien comportés.

Le régiment a assisté à toutes les affaires qui ont eu lieu sur la Loire et dans l'Est. Il a été engagé à Arthenay, Orléans, Chambon, Chilleurs, Sainte-Marie, Montbéliard, Béthoncourt, Sombacourt et Vaux.

Ses pertes ont été sérieuses. En un mot, le 12e mobiles avait acquis, à la fin de la guerre, la réputation d'un bon régiment, et il espère la conserver plus tard si les circonstances l'exigent.

ARDE MOBILE
DE
A NIÈVRE.

BUREAU
CAPITAINE-MAJOR.

Nevers, le 20 juin 1871.

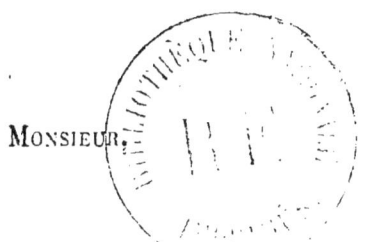

Monsieur,

Une circulaire ministérielle du 5 Juin prescrit l'organisation de la Garde mobile et invite MM. les Généraux à faire connaître la liste des officiers hors cadres.

Par ordre du Général, je vous prie de vouloir bien me faire connaître par écrit, avant samedi 24 juin, si vous désirez être maintenu dans le grade que vous occupez et dans quelle circonscription vous désirez être classé.

Si le nombre de MM. les officiers se présentant pour être classés est plus considérable que celui des places que l'on peut donner dans les trois bataillons conservés, l'excédant sera mis à la suite hors cadres et les noms adressés au ministre pour être placés au fur et à mesure des besoins.

Samedi est le délai de rigueur accordé par M. le Général. Passé cette époque, ceux de ces messieurs qui n'auraient pas répondu seront considérés comme démissionnaires.

Agréez l'assurance de mes sentiments distingués.

Le Capitaine-Major de la Mobile de la Nièvre,

A. MAZEROUX.

GARDE MOBILE DU DÉPARTEMENT DE LA NIÈVRE

COMPOSITION DES CADRES D'OFFICIERS

Établis suivant circulaire de Son Excellence Monsieur le Ministre de la Guerre, du 5 juin 1871

MAZEROUX (Antoine-Joseph) ✻ *Capitaine-Major,*

1ᵉʳ Bataillon.

M. DE PRACOMTAL ✻, *Chef de Bataillon.*

	Capitaines	*Lieutenants*	*Sous-Lieutenants*
Château-Chinon	DU PRÉ DE ST-MAUR (René) ✻	ESMOINGT (Alexis).	SALLONNYER DE CHALIGNY (G.)
Châtillon	COMTE (Édouard).	MASSIN (Maurice).	DE BRÉCHARD (Paul).
Luzy	COUJARD DE LA PLANCHE (M.)	MASSIN (André).	GUYOT D'AMFREVILLE (Roger).
Montsauche	N....	DE CHAMBURE (Henri).	DUVERNOIS (Victor).
Moulins-Engilbert	FOULON (Eugène) ✻	D'ESPEUILLES (Marie-Louis). ✻	BONNEAU DU MARTRAY (Jules-M)
Corbigny	GUENOT-GRANDPRÉ (Eugène).	DE CERTAINES (Joseph).	THIBAUDIN (Emile).
Lormes	DE LABROSSE (Gaston).	HEULHARD DE MONTIGNY (A).	LUBERY (Alexandre).
Tannay	N....	DE TALON (Marie).	JOURDAN (Paul).

2ᵉ Bataillon.

M. DE NOURRY ✻, Chef de Bataillon.

	Capitaines	Lieutenants	Sous-Lieutenants
Clamecy	CORNU (Antoine).	LAGUIGNE (François).	BLOND (Émile).
Varzy	RUBY (Paul).	COUROT (Maxime).	FOURIER (Maurice).
La Charité	SOUQUE (Pierre).	GALLIÉ (Eugène).	LEDROIT (Frédéric).
Cosne	CHARBOIS (Marcel).	BAILLY (Pierre).	FOING (Henri).
Donzy	MARTINET (Antoine).	JOURDAN Aîné.	PALEY (Charles).
Pouilly	PÉTRY (Gustave) ✻.	KAINDLER (Auguste).	POINT (Édouard).
Prémery	BONNARDOT (Victor) ✻.	DE TENANCE (Gustave).	ROSSIGNOL (Émile).
Saint-Amand	FRANCO (Napoléon).	FROTTIER (Charles).	FROTTIER (Henri).

3ᵉ Bataillon.

M. DE VEYNY ✻, (ex-lieutenant-colonel), Commandant.

	Capitaines	Lieutenants	Sous-Lieutenants
Brinon	FROSSARD (Henri).	HUMBLET (François).	TIXIER (Edmond).
Decize et Fours	MIGNOT (Gustave).	DAFFELOUP (Louis).	ANDRIOT (Gilbert).
St-Pierre et Dornes	FOURNIER (Antoine).	DE MONTRICHARD (Marie-G.).	MATHIEU (Adolphe).
Saint-Saulge	N....	RENAULT (Gabriel).	GUY-COQUILLE (Charles).
Pougues	SOUPÉ (Auguste).	COUTURIER (Louis).	VALETTE (Jules).
Fourchambault	GALLOIS (Edmond).	BLANCHET (Ferdinand).	CHARLEUF (Gilbert).
Azy	FLAMEN D'ASSIGNY (Frédéric).	JOSSERAND (Alexandre).	DE VITRY (Robert).
Nevers	FLAMEN D'ASSIGNY (Henri).	BLAUDIN DE THÉ (Samuel).	MARANDAT (Louis).

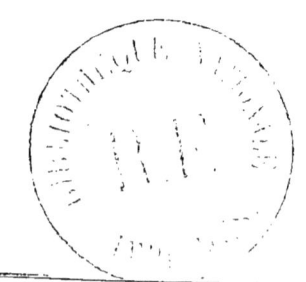

Nvers. — Imp. et lith. Bartde et Brulfert. — 1846.

www.ingramcontent.com/pod-product-compliance
Lightning Source LLC
LaVergne TN
LVHW051457090426
835512LV00010B/2191